Impressum
Verlag: BABADADA GmbH, Nedderfeld 112 , 22529 Hamburg
Geschäftsführer / Verlagsleitung: Harald Hof
Druck: Books on Demand GmbH, In de Tarpen 42, 22848 Norderstedt

Imprint
Publisher: BABADADA GmbH, Nedderfeld 112 , 22529 Hamburg, Germany
Managing Director / Publishing direction: Harald Hof
Print: Books on Demand GmbH, In de Tarpen 42, 22848 Norderstedt, Germany

school
xue xiao

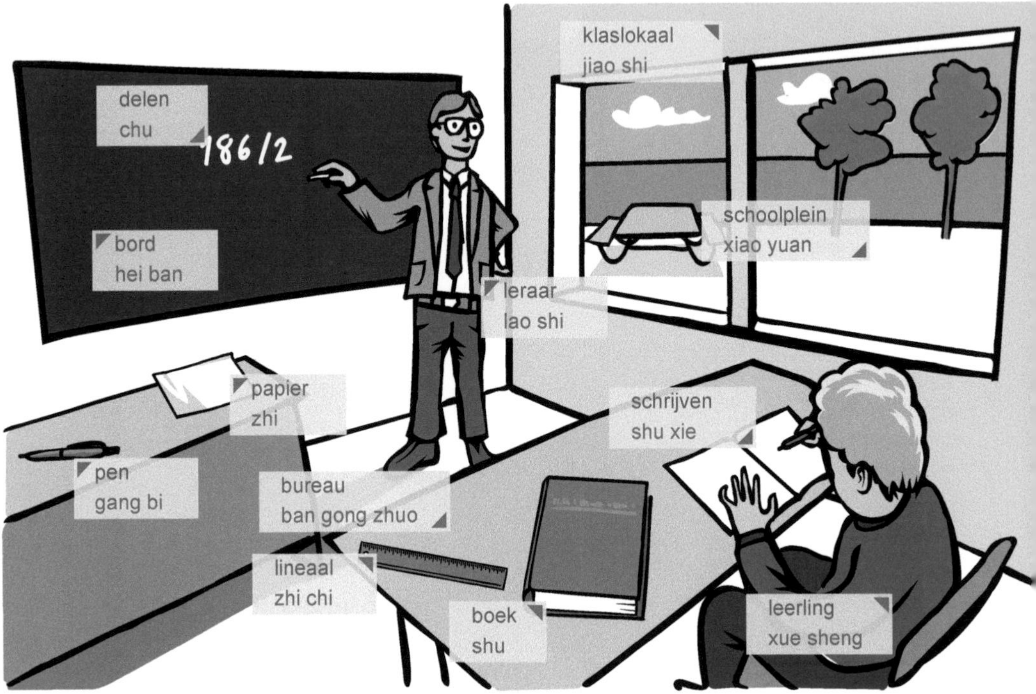
klaslokaal
jiao shi
delen
chu
186/2
schoolplein
xiao yuan
bord
hei ban
leraar
lao shi
papier
zhi
schrijven
shu xie
pen
gang bi
bureau
ban gong zhuo
lineaal
zhi chi
boek
shu
leerling
xue sheng

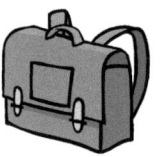

schooltas

shu bao

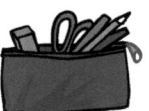

etui

qian bi he

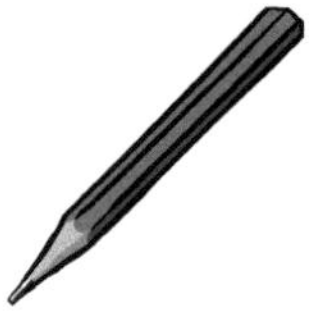

potlood

qian bi

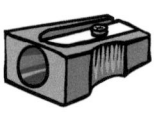

puntenslijper

juan bi dao

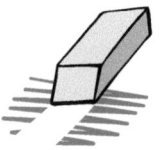

gum

xiang pi ca

schetsblok

hua ban

tekening

tu hua

penseel

hua bi

verfdoos

yan liao he

schaar

jian dao

lijm

jiao shui

schrift

lian xi ce

huiswerk

jia ting zuo ye

12

getal

shu zi

2+2

optellen

jia

5-2

aftrekken

jian

2×2

vermenigvuldigen

cheng

rekenen

ji suan

A

letter

zi mu

ABCDEFG HIJKLMN OPQRSTU VWXYZ

alfabet

zi mu biao

woord

zi

tekst

ke wen

lezen

du

krijt

fen bi

les

shang ke

klassenboek

deng ji

examen

kao shi

diploma

zheng shu

schooluniform

xiao fu

opleiding

jiao yu

encyclopedie

bai ke quan shu

universiteit

da xue

microscoop

xian wei jing

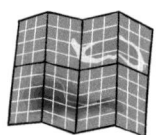

kaart

di tu

prullenmand

fei zhi kuang

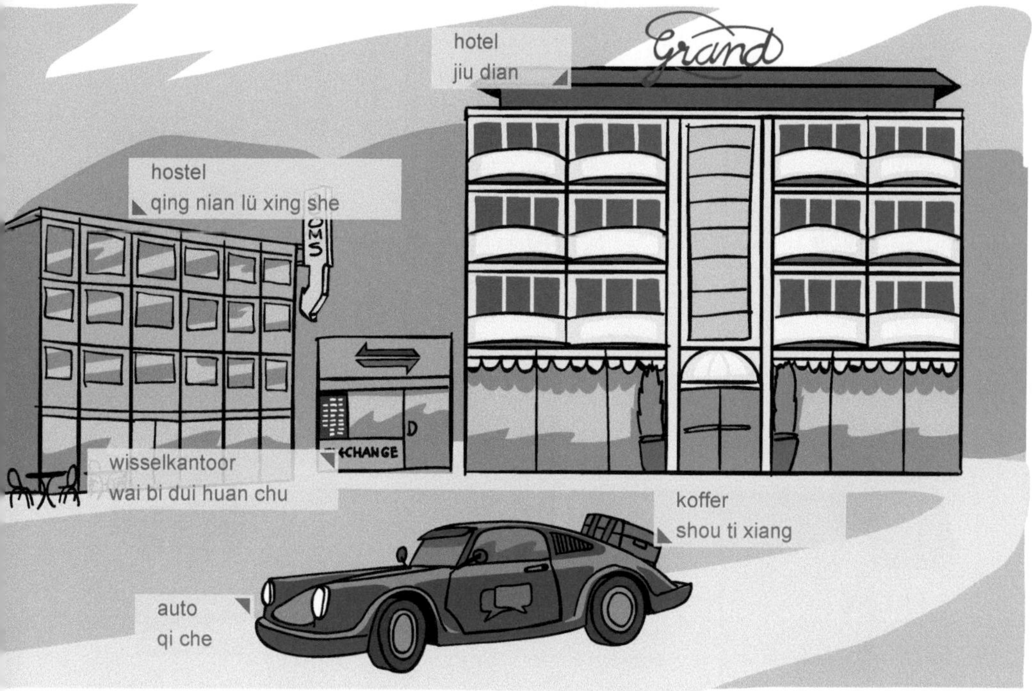

hotel
jiu dian

hostel
qing nian lü xing she

wisselkantoor
wai bi dui huan chu

koffer
shou ti xiang

auto
qi che

taal
yu yan

ja / nee
shi/fou

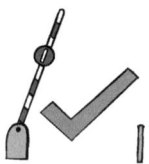

oké
hao de

Hallo!
nin hao

tolk
fan yi yuan

Bedankt.
xie xie

Wat kost ...?

......duo shao qian?

Ik begrijp het niet.

wo bu ming bai

probleem

wen ti

Goedenavond!

wan shang hao!

Goedemorgen!

zao shang hao!

Goedenacht!

wan an!

Tot ziens!

zai jian

richting

fang xiang

bagage

xing li

tas

bao

rugzak

shuang jian bao

gast

ke ren

kamer

fang jian

slaapzak

shui dai

tent

zhang peng

VVV-kantoor

lü you xin xi

strand

hai tan

creditkaart

xin yong ka

ontbijt

zao can

lunch

wu can

diner

wan can

kaartje

piao

lift

dian ti

postzegel

you piao

grens

bian jie

douane

hai guan

ambassade

da shi guan

visum

qian zheng

paspoort

hu zhao

transport
jiao tong yun shu

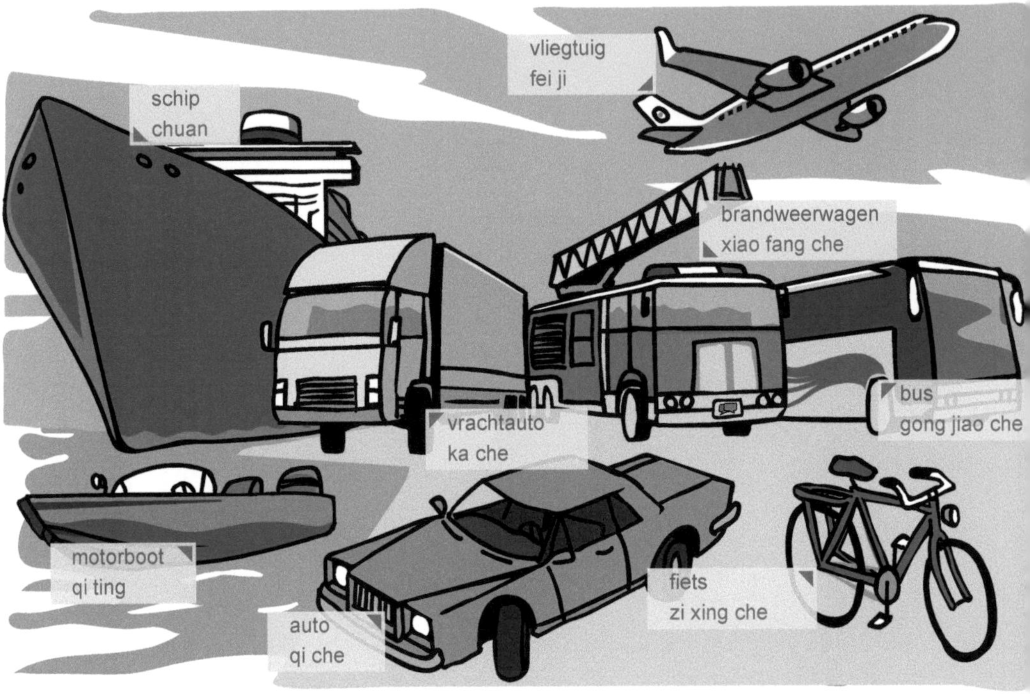

vliegtuig
fei ji
schip
chuan
brandweerwagen
xiao fang che
bus
gong jiao che
vrachtauto
ka che
motorboot
qi ting
fiets
zi xing che
auto
qi che

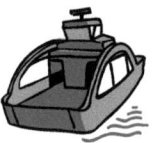

veerboot
bai du chuan

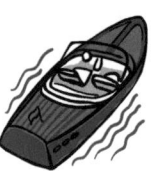

boot
xiao chuan

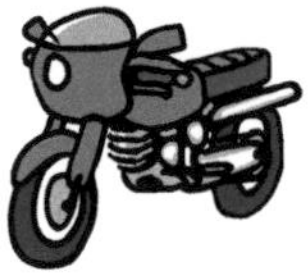

motorfiets
mo tuo che

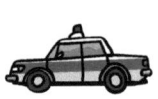

politiewagen
jing che

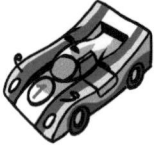

raceauto
sai che

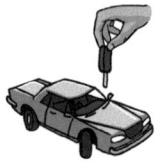

huurauto
zu che

carsharing

pin che

takelwagen

tuo che

vuilniswagen

la ji che

motor

fa dong ji

benzine

qi you

benzinepomp

jia you zhan

verkeersbord

jiao tong biao zhi

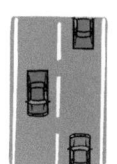

verkeer

jiao tong

file

jiao tong du sai

parkeerplaats

ting che chang

station

huo che zhan

rails

gui dao

trein

huo che

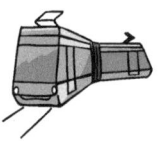

tram

dian che

wagon

huo che

helikopter

zhi sheng ji

luchthaven

ji chang

toren

ta

passagier

cheng ke

container

ji zhuang xiang

verhuisdoos

zhi ban xiang

kar

shou tui che

mand

lan zi

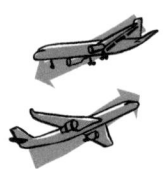

opstijgen / landen

qi fei/jiang luo

stad

cheng shi

dorp

cun zhuang

stadscentrum

shi zhong xin

huis

fang zi

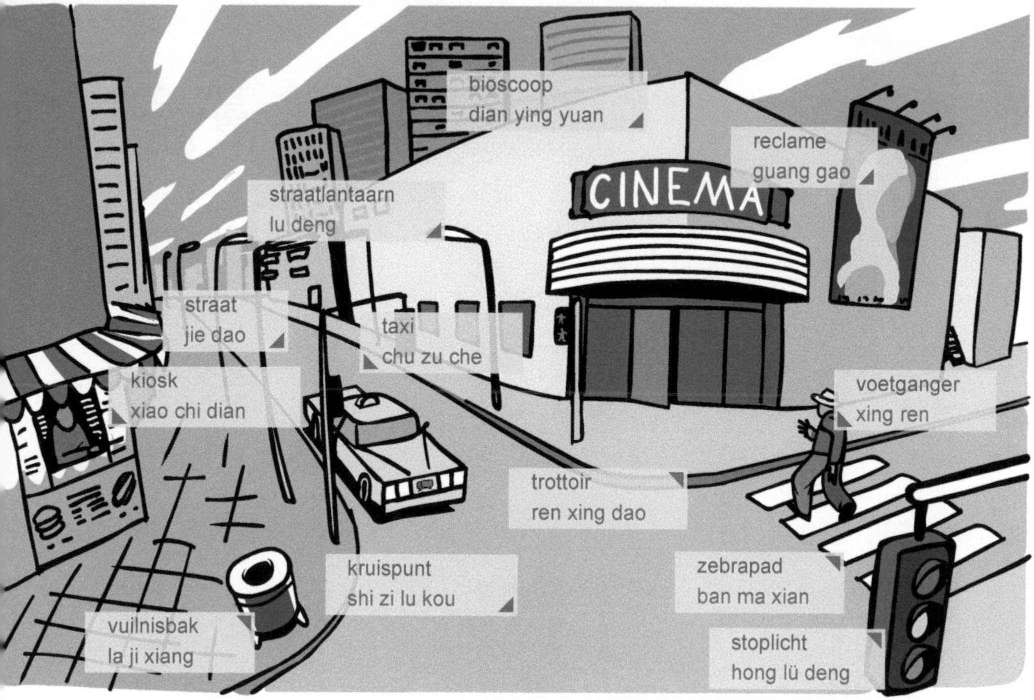

bioscoop
dian ying yuan

reclame
guang gao

straatlantaarn
lu deng

CINEMA

straat
jie dao

taxi
chu zu che

kiosk
xiao chi dian

voetganger
xing ren

trottoir
ren xing dao

kruispunt
shi zi lu kou

zebrapad
ban ma xian

vuilnisbak
la ji xiang

stoplicht
hong lü deng

hut
....
xiao wu

appartement
....
gong yu

station
....
huo che zhan

stadhuis
....
shi zheng ting

museum
....
bo wu guan

school
....
xue xiao

universiteit

da xue

bank

yin hang

ziekenhuis

yi yuan

hotel

jiu dian

apotheek

yao fang

kantoor

ban gong shi

boekenwinkel

shu dian

winkel

shang dian

bloemenwinkel

hua dian

supermarkt

chao shi

markt

shi chang

warenhuis

bai huo shang dian

visboer

yu dian

winkelcentrum

gou wu zhong xin

haven

hai gang

stad - cheng shi

park
gong yuan

bank
chang deng

brug
qiao

trap
lou ti

metro
di tie

tunnel
sui dao

bushalte
gong jiao che zhan

bar
jiu ba

restaurant
can guan

brievenbus
you tong

straatnaambord
lu biao

parkeermeter
ting che ji shi qi

dierentuin
dong wu yuan

zwembad
you yong guan

moskee
qing zhen si

boerderij

nong chang

vervuiling

wu ran

begraafplaats

mu di

kerk

jiao tang

speelplaats

cao chang

tempel

si miao

landschap

di xing

blad
shu ye

wegwijzer
zhi shi pai

weg
lu

weide
cao di

steen
shi tou

boom
shu

wandelaar
tu bu lü xing zhe

rivier
he

gras
cao

bloem
hua

vallei

xia gu

berg

shan

meer

hu

bos

sen lin

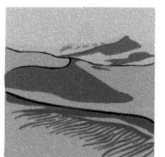

woestijn

sha mo

vulkaan

huo shan

kasteel

cheng bao

regenboog

cai hong

paddenstoel

mo gu

palmboom

zong lü shu

mug

wen zi

vlieg

cang ying

mier

ma yi

bij

mi feng

spin

zhi zhu

kever

jia chong

kikker

qing wa

eekhoorn

song shu

egel

ci wei

haas

ye tu

uil

mao tou ying

vogel

niao

zwaan

tian e

wild zwijn

ye zhu

hert

lu

eland

mi lu

stuwdam

shui ba

windmolen

feng li fa dian ji

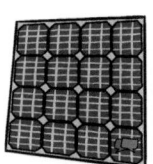

zonnepaneel

tai yang neng dian chi ban

klimaat

qi hou

restaurant
can guan

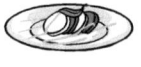

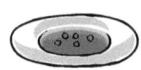

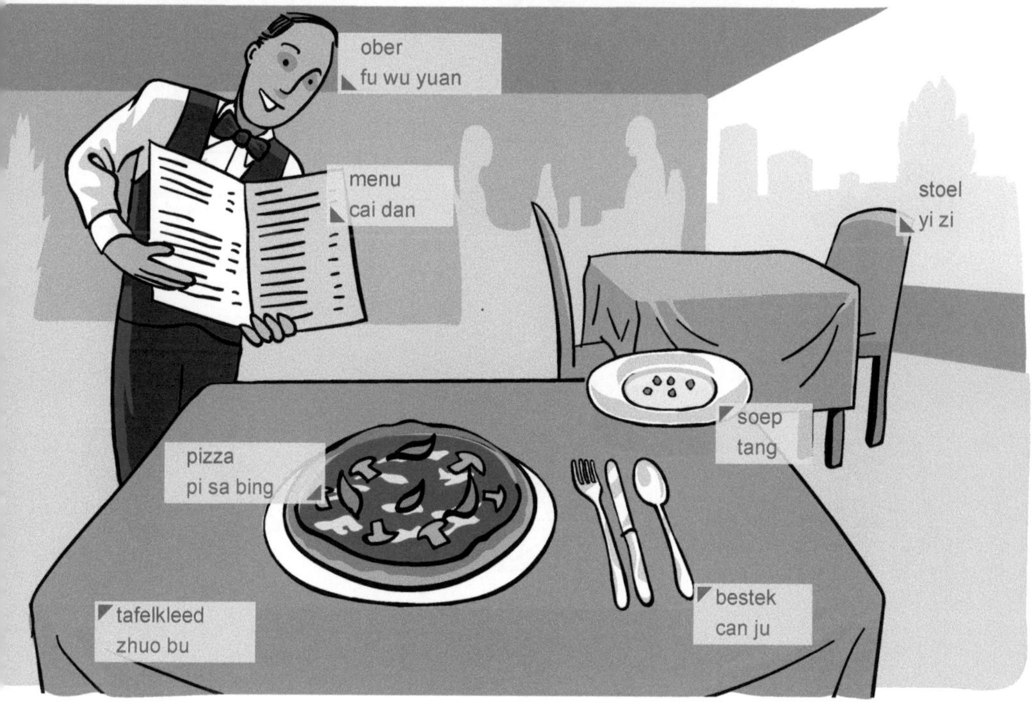

ober
fu wu yuan
menu
cai dan
stoel
yi zi
soep
tang
pizza
pi sa bing
bestek
can ju
tafelkleed
zhuo bu

voorgerecht

qian cai

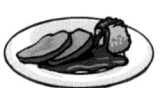

hoofdgerecht

zhu cai

toetje

tian dian

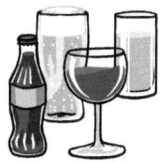

dranken

yin liao

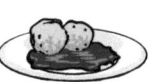

eten

shi wu

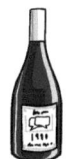

fles

ping zi

fastfood

kuai can

eetkraampje

jie bian xiao chi

theepot

cha hu

suikerpot

tang he

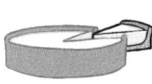

portie

yi fen fan cai

espressomachine

yi shi ka fei ji

kinderstoel

gao jiao yi

rekening

zhang dan

dienblad

tuo pan

mes

dao

vork

can cha

lepel

shao zi

theelepel

cha chi

servet

can jin

glas

bo li bei

bord
die zi

soepbord
tang pan

schotel
die zi

saus
jiang

zoutvaatje
yan ping

pepermolen
hu jiao mo

azijn
cu

olie
shi yong you

kruiden
tiao wei liao

ketchup
fan qie jiang

mosterd
jie mo

mayonaise
dan huang jiang

supermarkt

chao shi

aanbieding
te jia
FOR
klant
gu ke
zuivelproducten
ru zhi pin
fruit
shui guo
winkelwagen
gou wu che

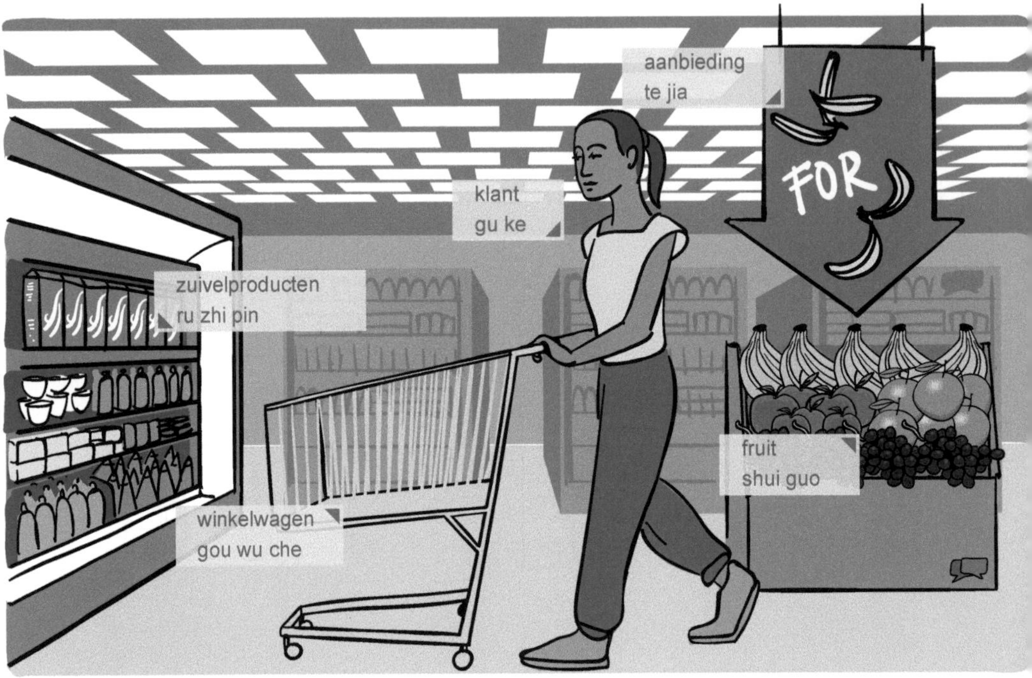

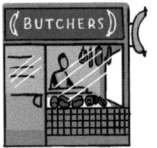

BUTCHERS

slager

rou pu

BAKERY

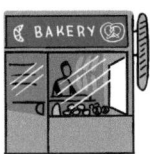

bakkerij

mian bao fang

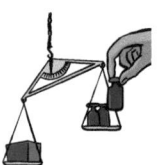

wegen

cheng zhong

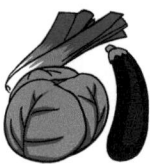

groente

shu cai

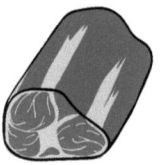

vlees

rou

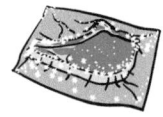

diepvriesproducten

leng dong shi pin

vleeswaren

leng pan

conserven

guan tou shi pin

wasmiddel

xi yi fen

snoepgoed

tian shi

huishoudelijke artikelen

ri yong pin

schoonmaakmiddel

qing jie yong pin

verkoopster

xiao shou yuan

kassa

shou yin ji

kassier

shou yin yuan

boodschappenlijstje

gou wu qing dan

openingstijden

kai fang shi jian

portefeuille

qian bao

creditkaart

xin yong ka

tas

dai zi

plastic zak

su liao dai

water

shui

sap

guo zhi

melk

niu nai

cola

ke le

wijn

hong jiu

bier

pi jiu

alcohol

jiu

chocolademelk

ke ke

thee

cha

koffie

ka fei

espresso

yi shi nong suo ka fei

cappuccino

ka bu qi nuo

banaan

xiang jiao

appel

ping guo

sinaasappel

cheng zi

watermeloen

xi gua

citroen

ning meng

wortel

hu luo bo

knoflook

da suan

bamboe

zhu zi

ui

yang cong

paddenstoel

mo gu

noten

jian guo

pasta

mian tiao

spaghetti

yi da li mian tiao

rijst

mi fan

salade

sha la

friet

shu tiao

gebakken aardappelen

zha tu dou

pizza

pi sa bing

hamburger

han bao bao

sandwich

san ming zhi

schnitzel

zha zhu pai

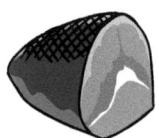

ham

huo tui

salami

sa la mi

worst

xiang chang

kip

ji rou

gebraad

kao rou

vis

yu

havermout

yan mai pian

muesli

mu zi li

cornflakes

yu mi pian

meel

mian fen

croissant

yang jiao mian bao

broodjes

mian bao juan

brood

mian bao

toast

kao mian bao

koekjes

bing gan

boter

huang you

kwark

ning ru

taart

dan gao

ei

dan

gebakken ei

jian dan

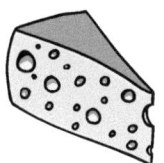

kaas

nai lao

ijs

bing ji lin

suiker

tang

honing

feng mi

jam

guo jiang

chocoladepasta

qiao ke li jiang

kerrie

ga li fan

boerderij
nong chang

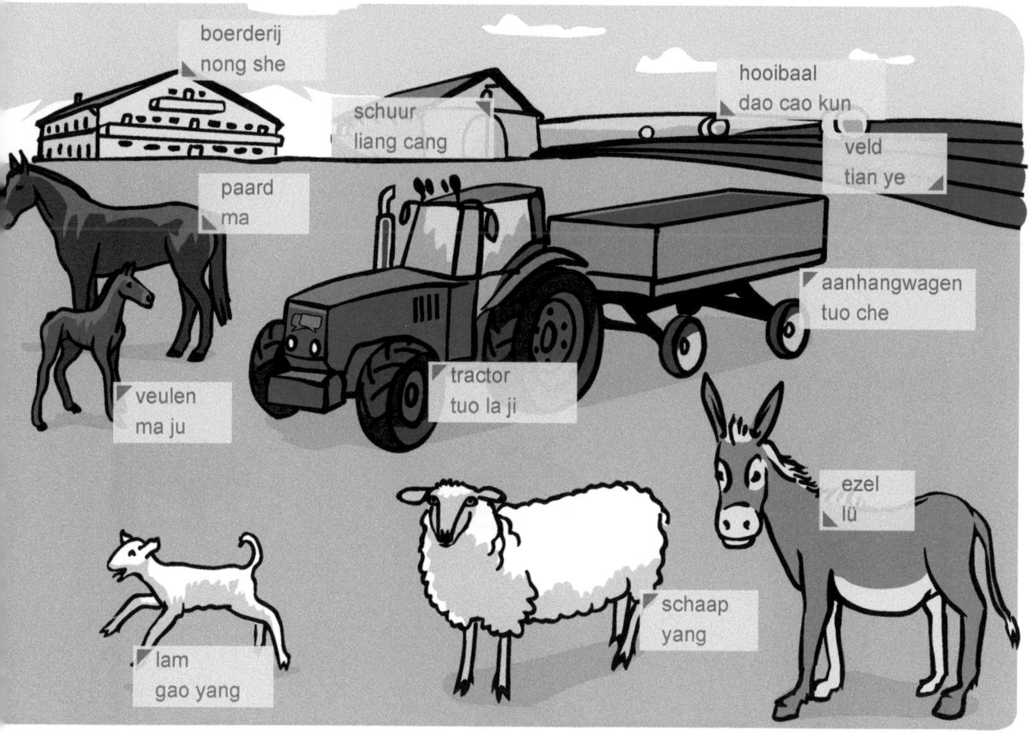

boerderij
nong she
schuur
liang cang
hooibaal
dao cao kun
veld
tian ye
paard
ma
aanhangwagen
tuo che
tractor
tuo la ji
veulen
ma ju
ezel
lü
schaap
yang
lam
gao yang

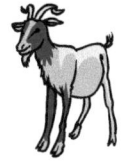

geit
shan yang

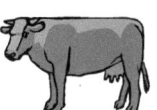

koe
nai niu

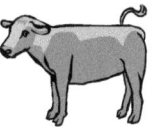

kalf
niu du

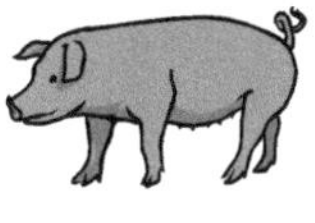

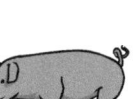

varken
zhu

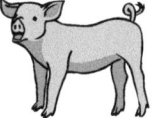

big
xiao zhu

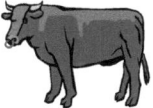

stier
gong niu

gans
e

eend
ya

kuiken
xiao ji

kip
mu ji

haan
gong ji

rat
shu

kat
mao

muis
lao shu

os
niu

hond
gou

hondenhok
gou wu

tuinslang
hua yuan jiao shui ruan guan

gieter
sa shui hu

zeis
chang bing da lian dao

ploeg
li

sikkel

lian dao

schoffel

chu tou

hooivork

chang bing cao pa

bijl

fu tou

kruiwagen

du lun shou tui che

trog

si liao cao

melkbus

niu nai guan

zak

ma bu dai

hek

zha lan

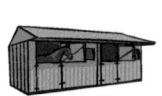

stal

ma jiu

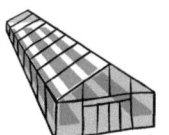

broeikas

wen shi

grond

tu rang

zaad

zhong zi

mest

fei liao

maaidorser

lian he shou ge ji

oogsten

shou ge

oogst

shou ge

yam

shan yao

tarwe

xiao mai

soja

da dou

aardappel

tu dou

maïs

yu mi

koolzaad

you cai zi

fruitboom

guo shu

maniok

shu shu

granen

gu wu

huis
fang zi

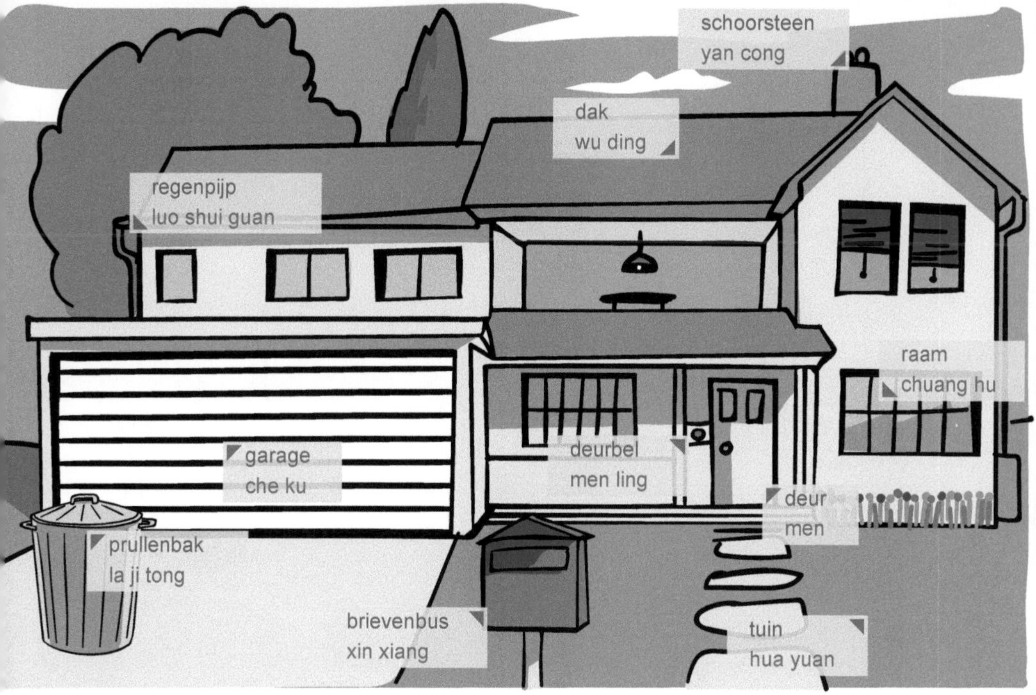
schoorsteen
yan cong
dak
wu ding
regenpijp
luo shui guan
raam
chuang hu
garage
che ku
deurbel
men ling
deur
men
prullenbak
la ji tong
brievenbus
xin xiang
tuin
hua yuan

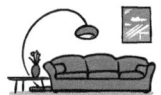

woonkamer
ke ting

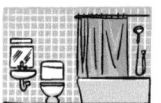

badkamer
yu shi

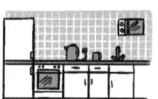

keuken
chu fang

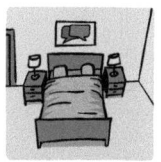

slaapkamer
wo shi

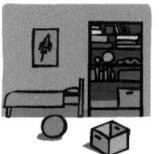

kinderkamer
er tong fang

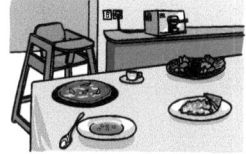

eetkamer
can ting

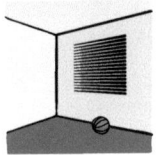

vloer

di ban

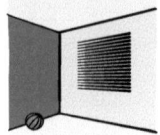

muur

qiang bi

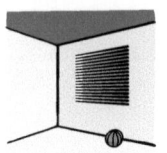

plafond

diao ding

kelder

di jiao

sauna

sang na

balkon

yang tai

terras

lu tai

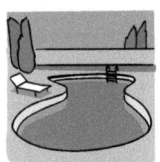

zwembad

you yong chi

grasmaaier

ge cao ji

laken

bei dan

bedsprei

chuang zhao

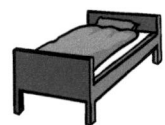

bed

chuang

bezem

sao zhou

emmer

shui tong

schakelaar

kai guan

woonkamer
ke ting

behang
bi zhi
foto
zhao pian
lamp
tai deng
plank
ge jia
kast
chu gui
televisie
dian shi ji
open haard
bi lu
bloem
hua
kussen
dian zi
bankstel
sha fa
vaas
hua ping
afstandsbediening
yao kong qi

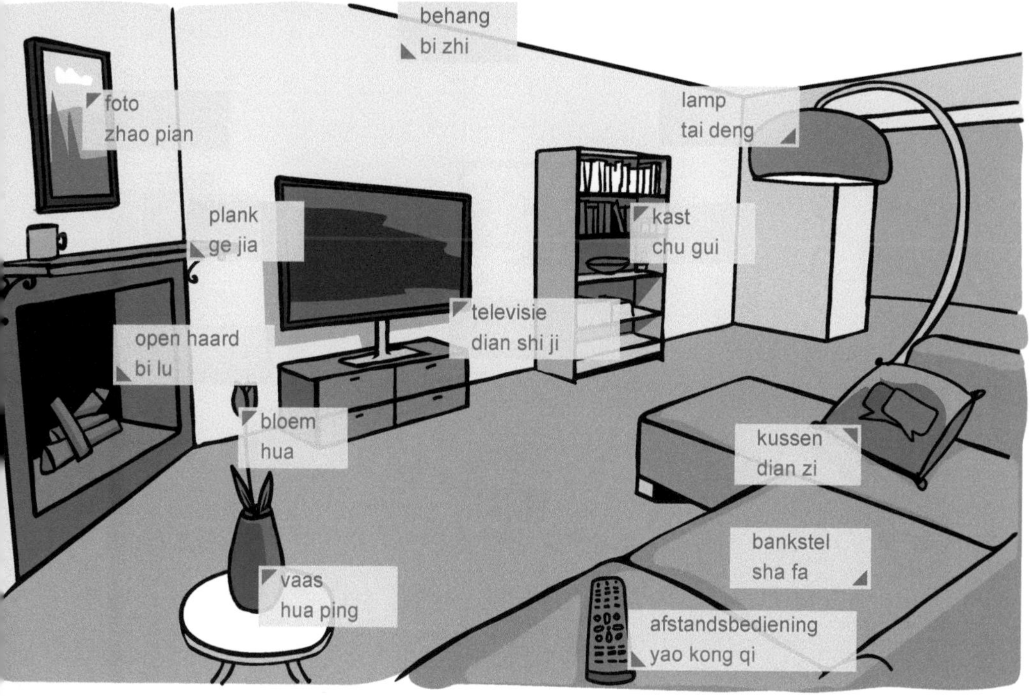

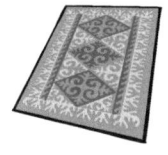

tapijt
di tan

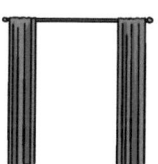

gordijn
chuang lian

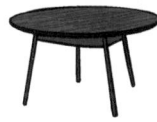

tafel
can zhuo

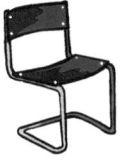

stoel
yi zi

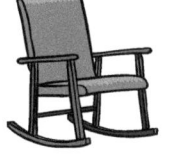

schommelstoel
yao yi

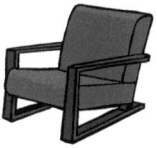

stoel
fu shou yi

boek

shu

deken

tan zi

decoratie

zhuang shi pin

brandhout

mu chai

film

dian ying

stereo-installatie

gao bao zhen yin xiang

sleutel

yao shi

krant

bao zhi

schilderij

you hua

poster

hai bao

radio

shou yin ji

kladblok

bi ji ben

stofzuiger

xi chen qi

cactus

xian ren zhang

kaars

la zhu

keuken
chu fang

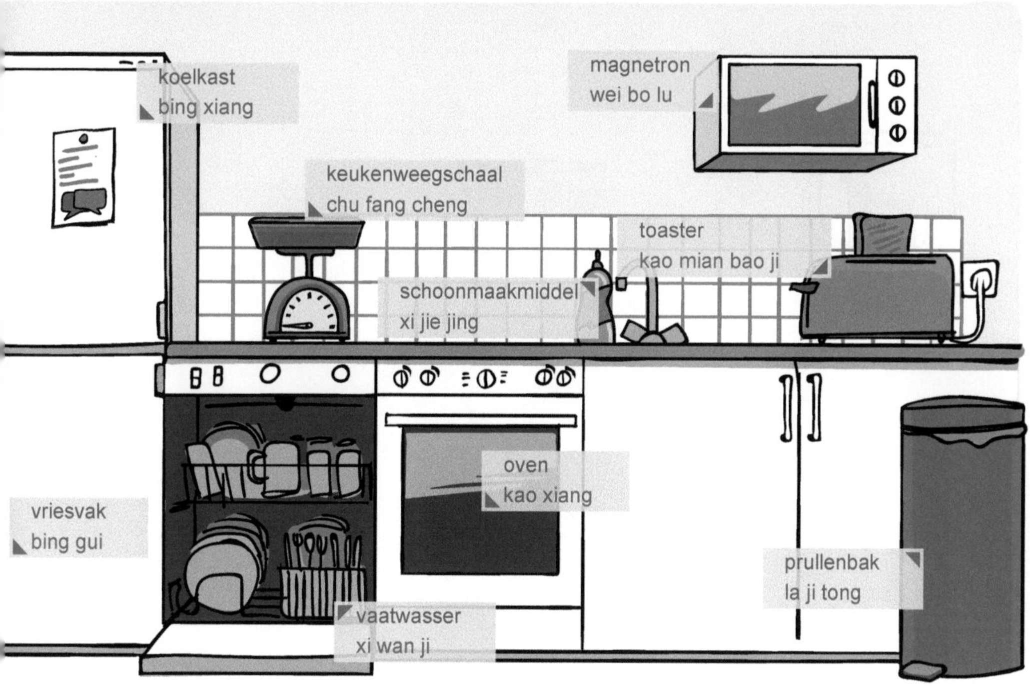
koelkast
bing xiang
magnetron
wei bo lu
keukenweegschaal
chu fang cheng
toaster
kao mian bao ji
schoonmaakmiddel
xi jie jing
oven
kao xiang
vriesvak
bing gui
prullenbak
la ji tong
vaatwasser
xi wan ji

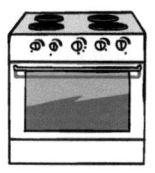

fornuis

chui ju

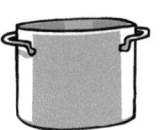

pan

guo

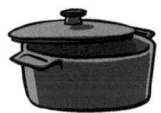

gietijzeren pan

zhu tie guo

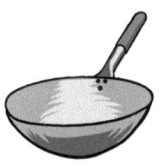

wok / kadai

sha guo

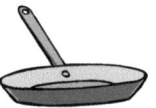

koekenpan

ping di guo

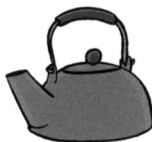

ketel

shui hu

stoomkoker

zheng guo

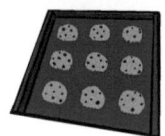

bakplaat

kao pan

servies

tao ci guo

beker

ma ke bei

kom

wan

eetstokjes

kuai zi

soeplepel

chang bing shao

spatel

chan zi

garde

jiao ban qi

vergiet

lü wang

zeef

shai zi

rasp

mo sui ji

vijzel

yan bo

barbecue

shao kao

vuurhaard

ming huo

snijplank

cai ban

deegroller

gan mian zhang

kurkentrekker

kai ping qi

blik

guan zi

blikopener

kai ping qi

pannenlap

ge re shou tao

wasbak

shui cao

borstel

shua zi

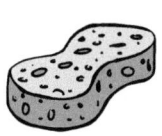

spons

hai mian

blender

jiao ban ji

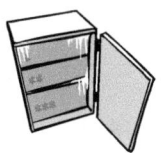

vriezer

leng cang xiang

babyflesje

nai ping

kraan

shui long tou

badkamer
yu shi

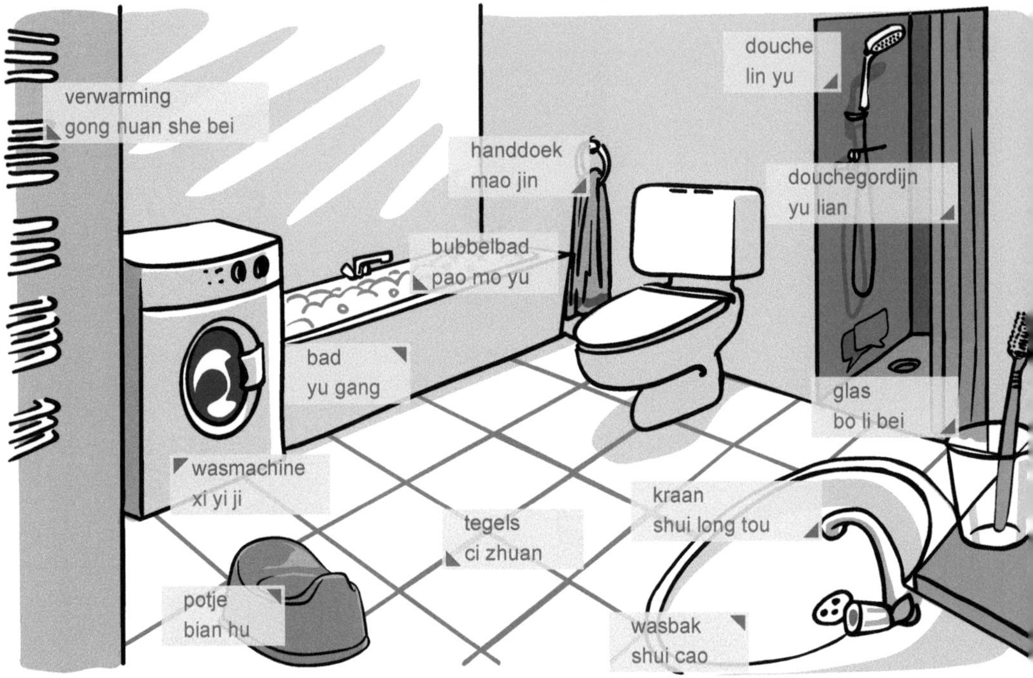

verwarming
gong nuan she bei
douche
lin yu
handdoek
mao jin
douchegordijn
yu lian
bubbelbad
pao mo yu
bad
yu gang
glas
bo li bei
wasmachine
xi yi ji
kraan
shui long tou
tegels
ci zhuan
potje
bian hu
wasbak
shui cao

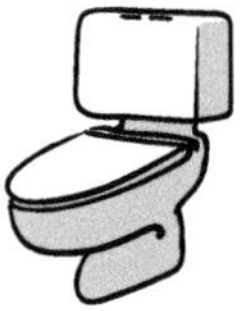

toilet

ce suo

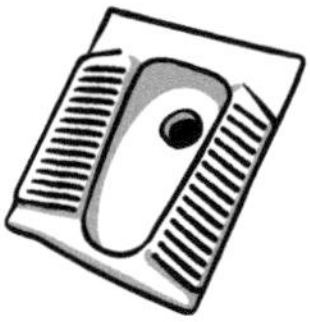

hurktoilet

dun bian qi

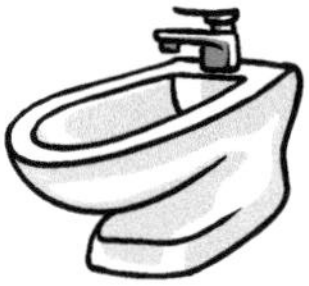

bidet

zuo yu qi

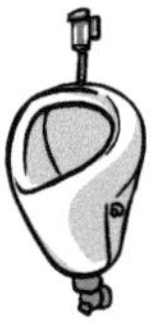

urinoir

xiao bian chi

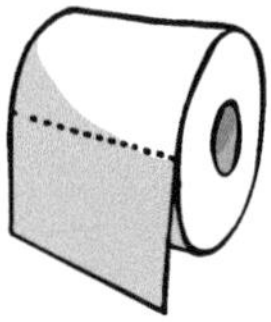

toiletpapier

ce zhi

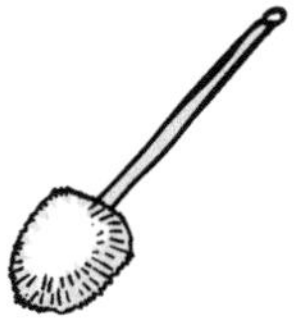

toiletborstel

ma tong shua

tandenborstel

ya shua

tandpasta

ya gao

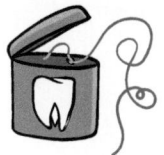

flosdraad

ya xian

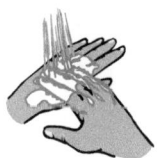

wassen

xi

handdouche

shou chi shi pen lin tou

toiletdouche

chong xi qi

waskom

xi lian pen

rugborstel

ca bei shua

zeep

fei zao

douchegel

mu yu lu

shampoo

xi fa shui

washanje

fa lan rong

afvoer

pai shui

creme

ru shuang

deodorant

chu chou ji

spiegel

jing zi

make-upspiegel

shou jing

scheermes

ti xu dao

scheerschuim

ti xu pao mo

aftershave

xu hou shui

kam

shu zi

borstel

shua zi

haardroger

chui feng ji

haarspray

pen fa ding xing ji

make-up

hua zhuang pin

lippenstift

chun gao

nagellak

zhi jia you

watten

hua zhuang mian

nagelschaartje

zhi jia jian

parfum

xiang shui

toilettas

xi shu bao

kruk

deng zi

weegschaal

ji zhong cheng

badjas

yu pao

rubber handschoenen

xiang jiao shou tao

tampon

wei sheng mian tiao

maandverband

wei sheng jin

chemisch toilet

hua xue ce suo

kinderkamer
er tong fang

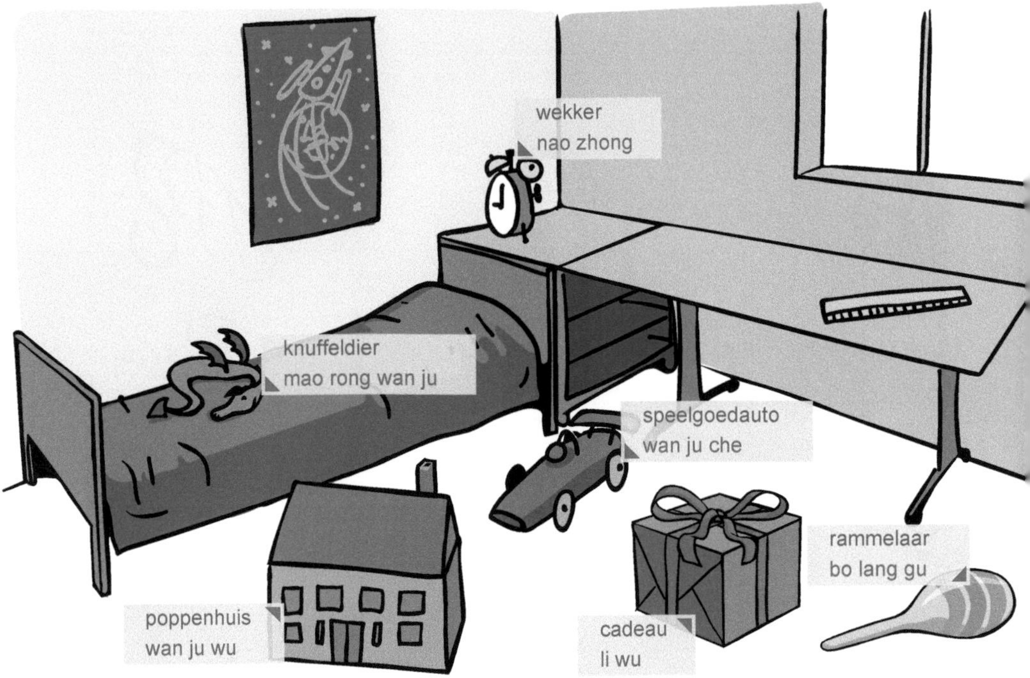

wekker
nao zhong
knuffeldier
mao rong wan ju
speelgoedauto
wan ju che
rammelaar
bo lang gu
poppenhuis
wan ju wu
cadeau
li wu

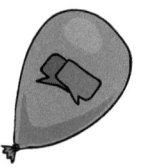

ballon
qi qiu

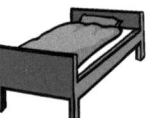

bed
chuang

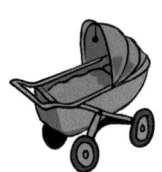

kinderwagen
(yang wa wa yong)ying er che

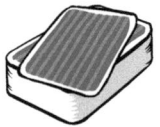

kaartspel
pu ke pai

puzzel
pin tu

SUPER MEGA

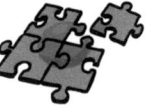

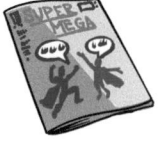

stripverhaal
man hua

legostenen

le gao ji mu

speelgoedblokken

ji mu wan ju

actiefiguurtje

wan ju ren

romper

ying er fu

frisbee

fei pan

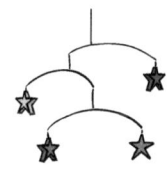

mobile

chuang ling wan ju

bordspel

qi pan you xi

dobbelsteen

shai zi

modeltrein

huo che mo xing

speen

an fu nai zui

feestje

ju hui

prentenboek

hui ben

bal

qiu

pop

yang wa wa

spelen

wan

zandbak

sha keng

schommel

qiu qian

speelgoed

wan ju

spelcomputer

you xi ji

driewieler

san lun che

teddybeer

tai di xiong

kleerkast

yi chu

kleding

yi fu

sokken

wa zi

kousen

chang wa

panty

jin shen ku

sjaal
wei jin

paraplu
yu san

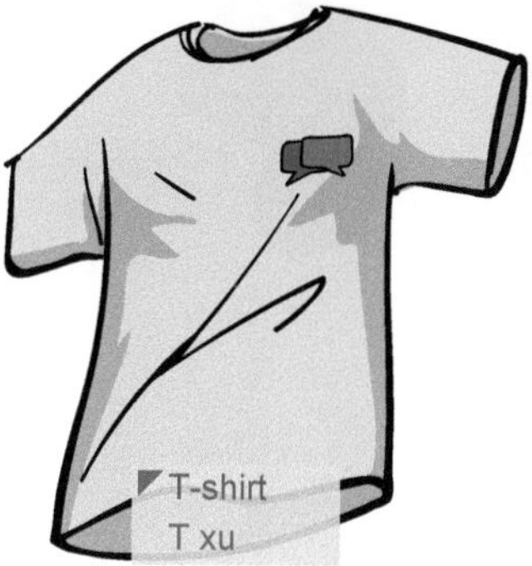

T-shirt
T xu

riem
pi dai

laarzen
xue zi

pantoffels
tuo xie

sportschoenen
yun dong xie

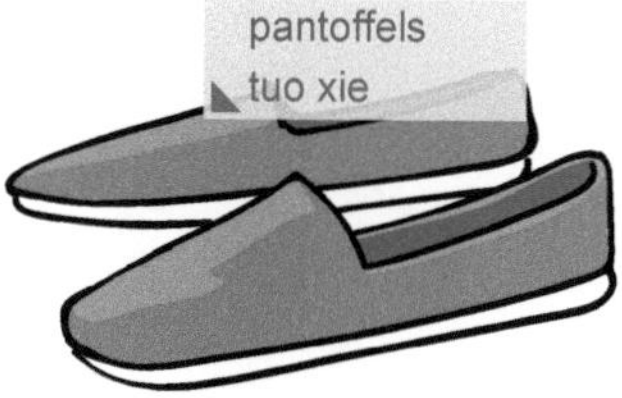

sandalen
....
liang xie

schoenen
....
xie

rubberlaarzen
....
yu xue

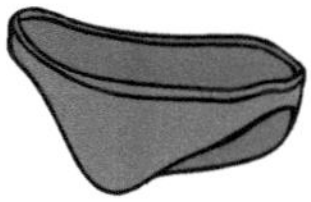

onderbroek
....
nei ku

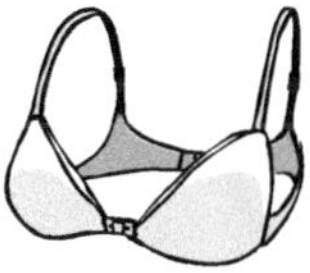

beha
....
xiong zhao

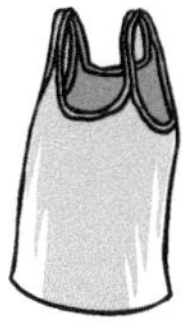

onderhemd
....
bei xin

body
....
shen ti

broek
....
ku zi

spijkerbroek
....
niu zai ku

rok
....
duan qun

blouse
....
nü shi chen shan

overhemd
....
chen shan

trui
....
tao tou shan

hoody
....
wei yi

blazer
....
xi zhuang jia ke

jas
....
jia ke

mantel
....
wai tao

regenjas
....
yu yi

kostuum
....
tao zhuang

jurk
....
lian yi qun

trouwjurk
....
hun sha

pak

xi zhuang

nachthemd

shui pao

pyjama

shui yi

sari

sha li

hoofddoek

tou jin

tulband

bao tou jin

boerka

bo ka

kaftan

ka fu tan

abaja

(a la bo shi)chang pao

zwempak

yong yi

zwembroek

nan shi yong ku

korte broek

duan ku

trainingspak

yun dong fu

schort

wei qun

handschoenen

shou tao

knoop

niu kou

bril

yan jing

armband

shou lian

ketting

xiang lian

ring

jie zhi

oorbel

er huan

pet

bian mao

kledinghanger

yi jia

hoed

mao zi

stropdas

ling dai

rits

la lian

helm

tou kui

bretels

bei dai

schooluniform

xiao fu

uniform

zhi fu

slabbetje

wei dou

speen

an fu nai zui

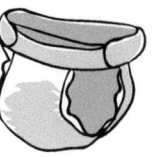

luier

niao bu shi

kantoor
ban gong shi

server
fu wu qi

archiefkast
wen jian gui

printer
da yin ji

papier
zhi

beeldscherm
xian shi ping

bureau
ban gong zhuo

muis
shu biao

map
wen jian jia

toetsenbord
jian pan

prullenmand
fei zhi kuang

stoel
yi zi

computer
dian nao

koffiemok

ka fei bei

rekenmachine

ji suan qi

internet

yin te wang

laptop

bi ji ben dian nao

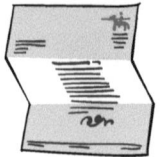

brief

xin jian

bericht

xiao xi

mobiele telefoon

shou ji

netwerk

wang luo

kopieermachine

fu yin ji

software

ruan jian

telefoon

dian hua

stopcontact

cha zuo

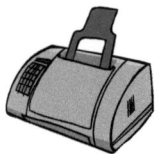

fax

chuan zhen ji

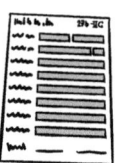

formulier

biao ge

document

wen jian

kopen

mai

betalen

fu qian

handel drijven

jiao yi

geld

xian jin

dollar

mei yuan

euro

ou yuan

yen

ri yuan

roebel

lu bu

Zwitserse frank

rui shi fa lang

renminbi yuan

ren min bi

roepie

lu bi

geldautomaat

ti kuan chu

wisselkantoor

wai bi dui huan chu

goud

jin

zilver

yin

olie

shi you

energie

neng yuan

prijs

jia ge

contract

he tong

belasting

shui jin

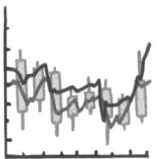

aandeel

gu piao

werken

gong zuo

werknemer

zhi yuan

werkgever

lao ban

fabriek

gong chang

winkel

shang dian

beroepen
zhi ye

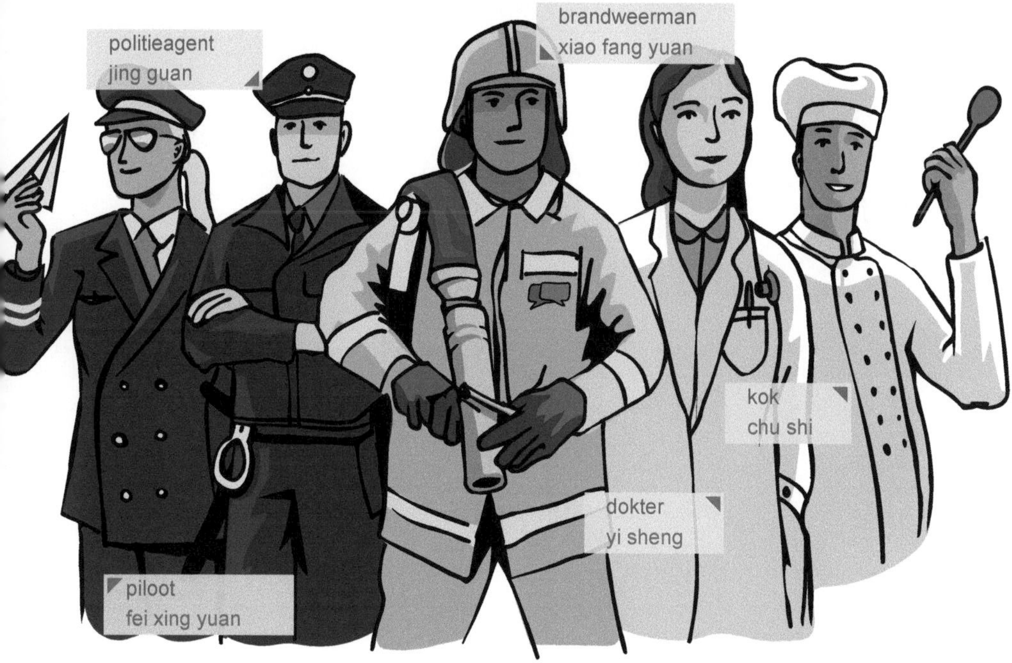
politieagent
jing guan
brandweerman
xiao fang yuan
kok
chu shi
dokter
yi sheng
piloot
fei xing yuan

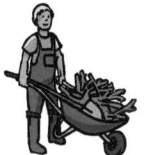

tuinman

yuan ding

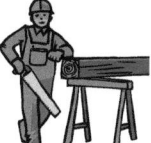

timmerman

mu jiang

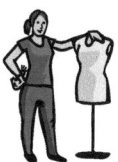

naaister

cai feng

rechter

fa guan

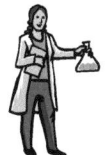

scheikundige

hua xue jia

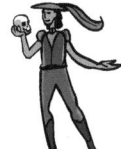

toneelspeler

yan yuan

buschauffeur

gong jiao che si ji

taxichauffeur

chu zu che si ji

visser

yu fu

schoonmaakster

qing jie nü gong

dakdekker

wu ding gong

ober

fu wu yuan

jager

lie ren

schilder

hua jia

bakker

mian bao shi

elektricien

dian gong

bouwvakker

jian zhu gong ren

ingenieur

gong cheng shi

slager

tu fu

loodgieter

shui guan gong

postbode

you di yuan

soldaat

shi bing

architect

jian zhu shi

kassier

shou yin yuan

bloemist

hua nong

kapper

li fa shi

conducteur

shou piao yuan

monteur

ji xie shi

kapitein

chuan zhang

tandarts

ya yi

wetenschapper

ke xue jia

rabbi

la bi

imam

yi ma mu

monnik

he shang

pastoor

mu shi

gereedschap

gong ju

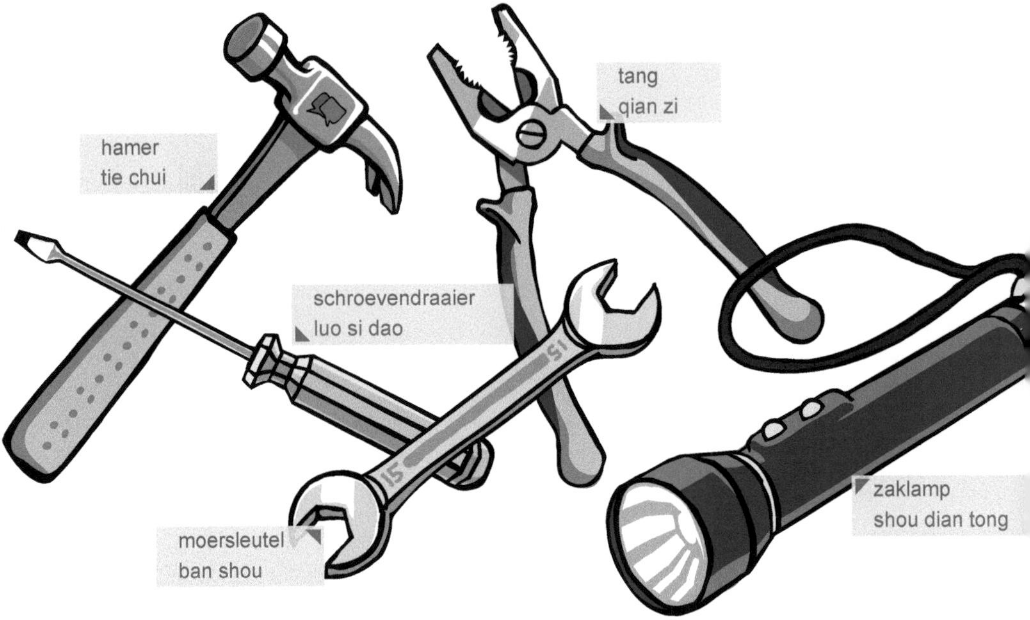
hamer
tie chui
tang
qian zi
schroevendraaier
luo si dao
moersleutel
ban shou
zaklamp
shou dian tong

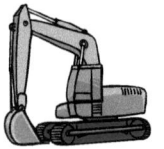

graafmachine

wa jue ji

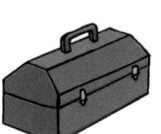

gereedschapskist

gong ju xiang

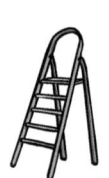

ladder

ti zi

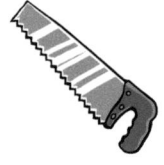

zaag

ju zi

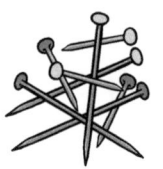

spijkers

ding zi

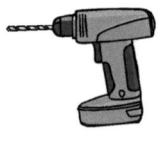

boor

zuan ji

repareren

xiu

schep

chan zi

Verdorie!

kao!

stofblik

bo ji

verfpot

you qi tong

schroeven

luo si

muziekinstrumenten
yue qi

luidspreker
yang sheng qi

drumstel
da ji yue qi

contrabas
di yin ti qin

trompet
xiao hao

gitaar
ji ta

piano

gang qin

viool

xiao ti qin

bas

bei si

pauk

ding yin gu

trommel

gu

keyboard

dian zi qin

saxofoon

sa ke si guan

fluit

chang di

microfoon

mai ke feng

dierentuin
dong wu yuan

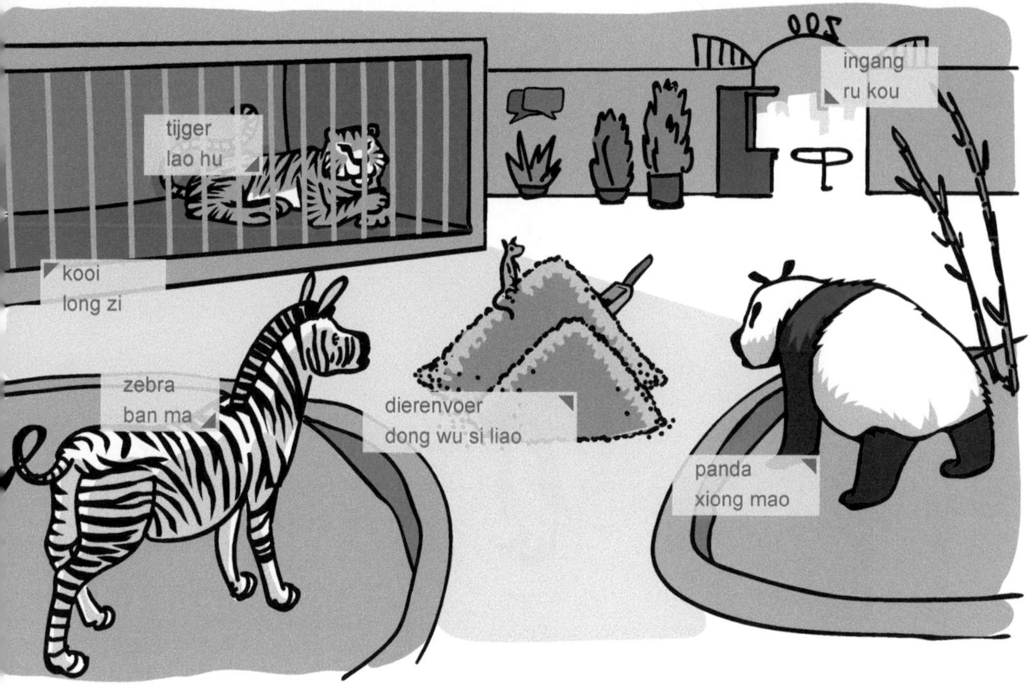
ZOO
ingang
ru kou
tijger
lao hu
kooi
long zi
zebra
ban ma
dierenvoer
dong wu si liao
panda
xiong mao

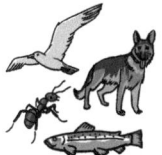

dieren

dong wu

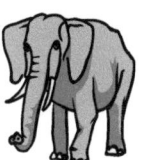

olifant

da xiang

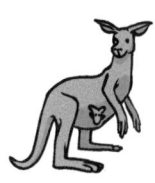

kangoeroe

dai shu

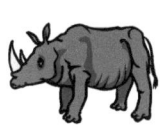

neushoorn

xi niu

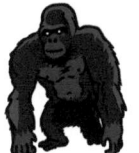

gorilla

da xing xing

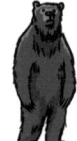

beer

xiong

kameel

luo tuo

struisvogel

tuo niao

leeuw

shi zi

aap

hou zi

flamingo

huo lie niao

papegaai

ying wu

ijsbeer

bei ji xiong

pinguïn

qi e

haai

sha yu

pauw

kong que

slang

she

krokodil

e yu

dierenverzorger

dong wu yuan guan li yuan

zeehond

hai bao

jaguar

mei zhou bao

pony

ai zhong ma

luipaard

bao

nijlpaard

he ma

giraffe

chang jing lu

adelaar

lao ying

wild zwijn

ye zhu

vis

yu

schildpad

gui

walrus

hai xiang

vos

hu li

gazelle

ling yang

American football
gan lan qiu

wielrennen
qi zi xing che

tennis
wang qiu

basketbal
lan qiu

zwemmen
you yong

boksen
quan ji

ijshockey
bing qiu

voetbal
ying shi zu qiu

badminton
yu mao qiu

atletiek
tian jing

handbal
shou qiu

skiën
hua xue

polo
ma qiu

activiteiten
huo dong

lachen
xiao
springen
tiao
knuffelen
yong bao
lopen
zou lu
zingen
chang
dromen
zuo meng
bidden
qi dao
kussen
qin wen

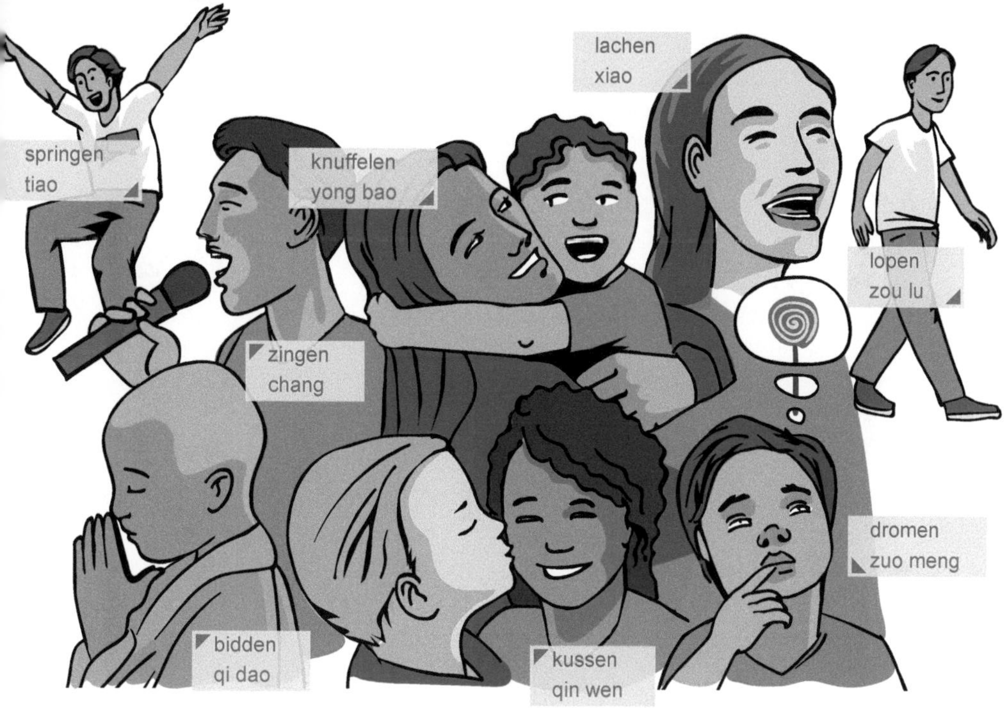

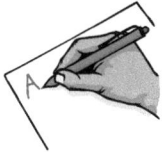

schrijven

shu xie

tekenen

hua

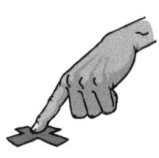

tonen

zhan shi

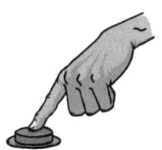

duwen

tui

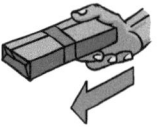

geven

gei

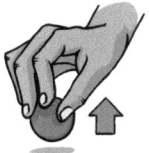

oppakken

na

hebben

you

doen

zuo

zijn

dang

staan

zhan

rennen

pao

trekken

la

gooien

reng

vallen

shuai dao

liggen

tang

wachten

deng dai

dragen

xie dai

zitten

zuo

aankleden

chuan yi

slapen

shui jiao

wakker worden

xing lai

bekijken

kan

huilen

ku

strelen

fu mo

kammen

shu tou

praten

jiao tan

begrijpen

ming bai

vragen

wen

horen

ting

drinken

he

eten

chi

opruimen

qing li

houden van

ai

koken

zuo fan

rijden

kai che

vliegen

fei

zeilen

hang xing

rekenen

ji suan

lezen

du

leren

xue xi

werken

gong zuo

trouwen

jie hun

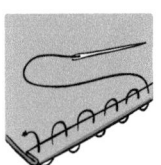

naaien

feng

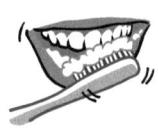

tandenpoetsen

shua ya

doden

sha

roken

chou yan

verzenden

ji

familie
jia

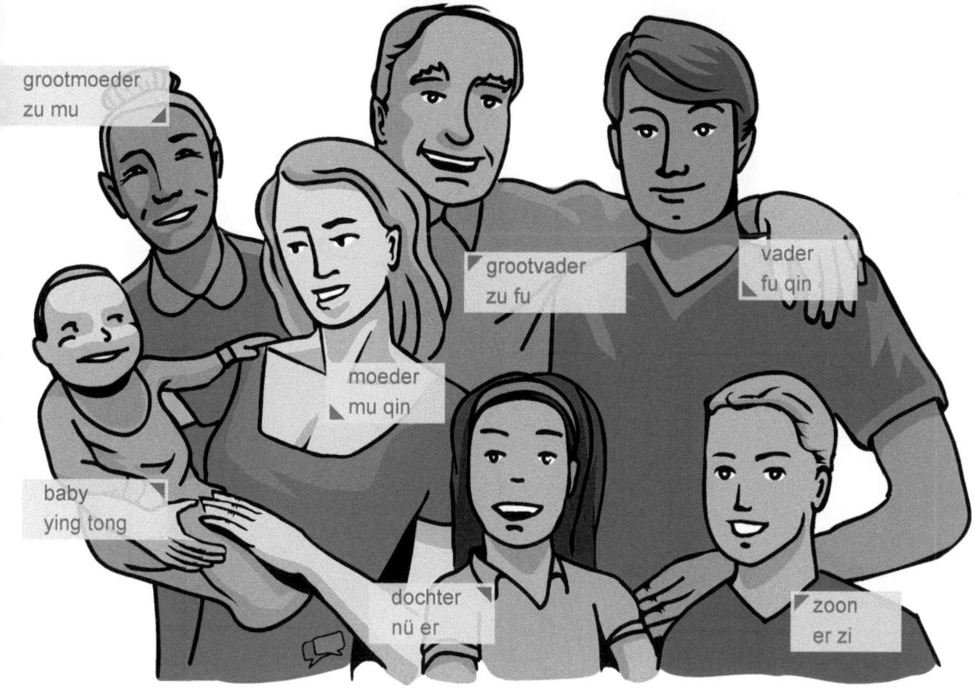

grootmoeder
zu mu
grootvader
zu fu
vader
fu qin
moeder
mu qin
baby
ying tong
dochter
nü er
zoon
er zi

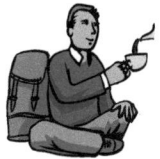

gast
ke ren

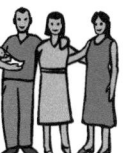

tante
a yi

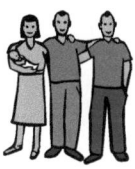

oom
shu shu

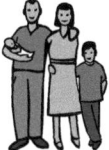

broer
xiong di

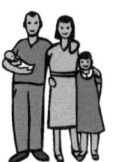

zus
jie mei

lichaam
shen ti

voorhoofd
qian e
oog
yan jing
schouder
jian bang
vinger
shou zhi
gezicht
lian
kin
xia ba
hand
shou
been
tui
borst
ru fang
arm
shou bi

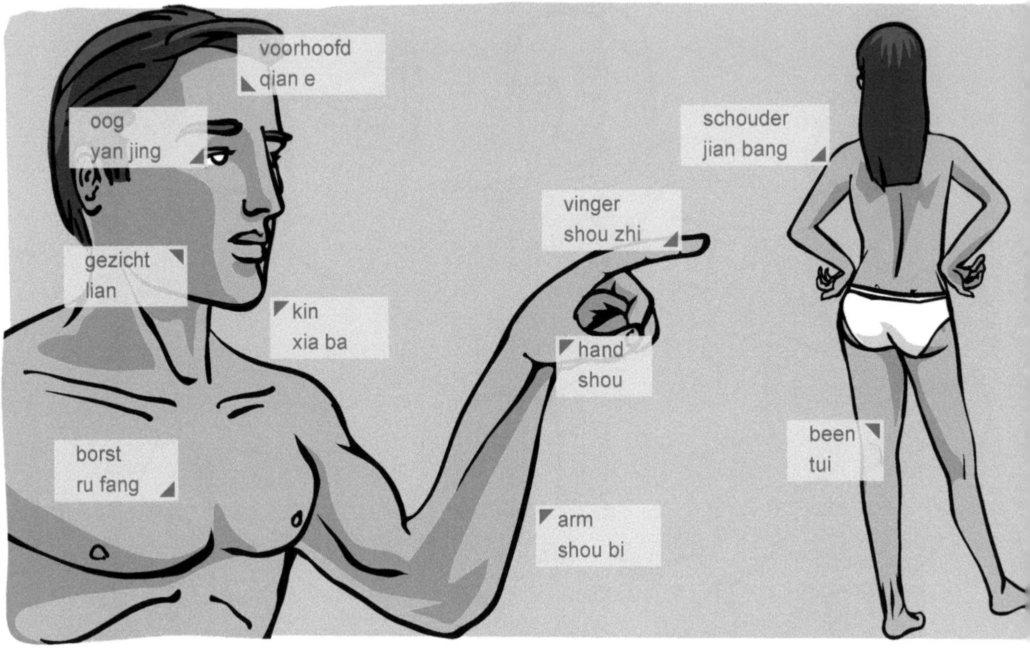

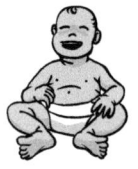

baby
ying tong

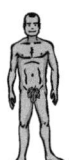

man
nan ren

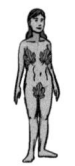

vrouw
nü ren

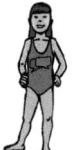

meisje
nü hai

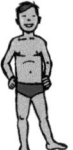

jongen
nan hai

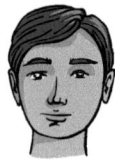

hoofd
tou

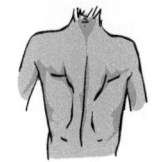

rug

bei bu

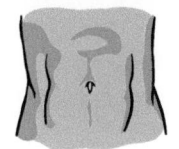

buik

du zi

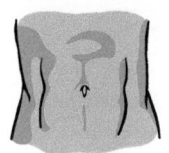

navel

du qi

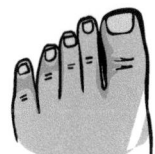

teen

jiao zhi

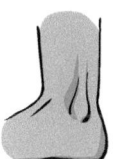

hiel

jiao hou gen

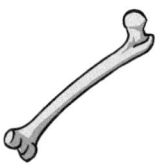

bot

gu tou

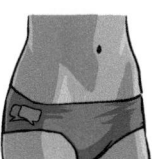

heup

tun bu

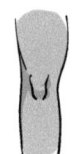

knie

xi gai

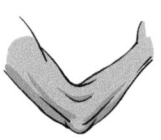

elleboog

shou zhou

neus

bi zi

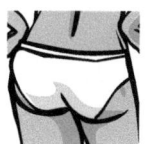

achterwerk

pi gu

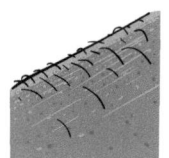

huid

pi fu

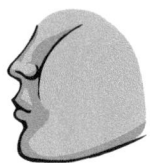

wang

lian jia

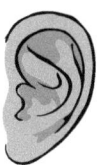

oor

er duo

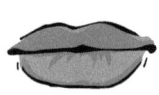

lippen

zui chun

mond
....
zui

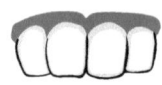

tand
....
ya chi

tong
....
she tou

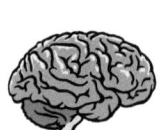

hersenen
....
nao

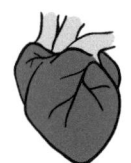

hart
....
xin zang

spier
....
ji rou

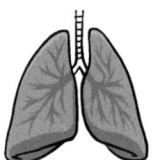

long
....
fei

lever
....
gan zang

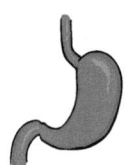

maag
....
wei

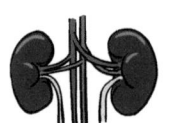

nieren
....
shen zang

geslachtsgemeenschap
....
xing jiao

condoom
....
bi yun tao

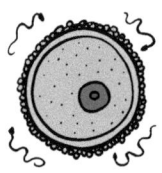

eicel
....
luan zi

sperma
....
jing zi

zwangerschap
....
huai yun

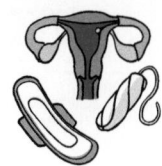

menstruatie
·······················
yue jing

vagina
·······················
yin dao

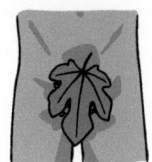

penis
·······················
yin jing

wenkbrauw
·······················
mei mao

haar
·······················
tou fa

hals
·······················
bo zi

ziekenhuis
yi yuan

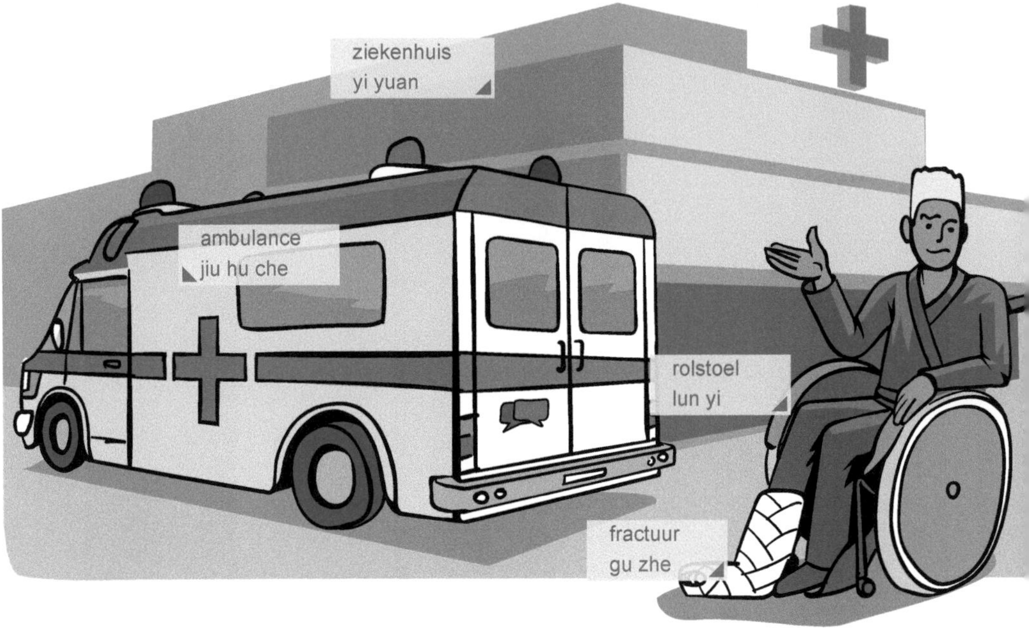

ziekenhuis
yi yuan
ambulance
jiu hu che
rolstoel
lun yi
fractuur
gu zhe

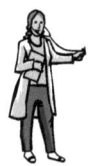

dokter

yi sheng

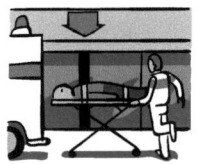

EHBO

ji zhen shi

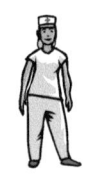

verpleegster

hu shi

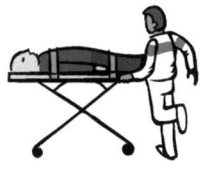

noodgeval

jin ji qing kuang

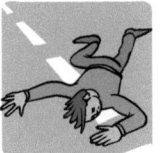

bewusteloos

hun mi

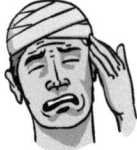

pijn

tong

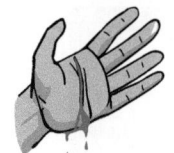

verwonding

shou shang

bloeding

chu xue

hartaanval

xin zang bing fa zuo

beroerte

zhong feng

allergie

guo min

hoest

ke sou

koorts

fa shao

griep

liu gan

diarree

fu xie

hoofdpijn

tou tong

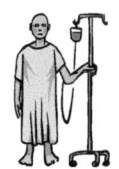

kanker

ai zheng

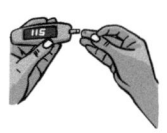

diabetes

tang niao bing

chirurg

wai ke yi sheng

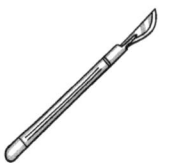

scalpel

shou shu dao

operatie

shou shu

CT

CT

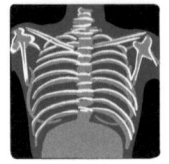

röntgen

X guang

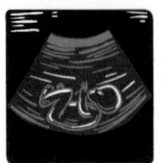

echografie

chao sheng bo

gezichtsmasker

kou zhao

ziekte

ji bing

wachtkamer

hou zhen shi

kruk

guai zhang

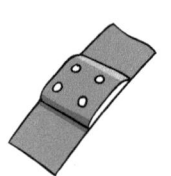

pleister

shi gao

verband

beng dai

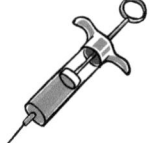

injectie

zhu she

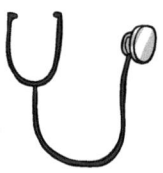

stethoscoop

ting zhen qi

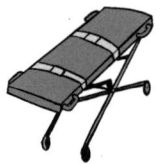

brancard

dan jia

thermometer

ti wen ji

geboorte

chu sheng

overgewicht

chao zhong

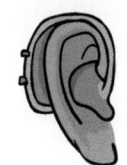

gehoorapparaat

zhu ting qi

ontsmettingsmiddel

xiao du ye

infectie

gan ran

virus

bing du

HIV / AIDS

ai zi bing

medicijn

yao wu

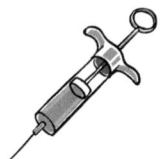

inenting

jie zhong yi miao

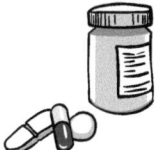

tabletten

yao pian

pil

yao wan

alarmnummer

ji jiu dian hua

bloeddrukmeter

xue ya ji

ziek / gezond

sheng bing/jian kang

Help!

jiu ming!

alarm

jing bao

overval

tu ji

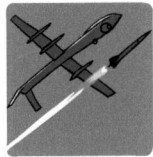

aanval

gong ji

gevaar

wei xian

nooduitgang

jin ji chu kou

Brand!

zhao huo la!

brandblusser

mie huo qi

ongeluk

yi wai

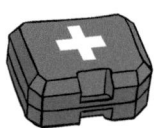

EHBO-koffer

ji jiu xiang

SOS

hu jiu xin hao

politie

jing cha

Europa

ou zhou

Noord-Amerika

bei mei zhou

Zuid-Amerika

nan mei zhou

Afrika

fei zhou

Azië

ya zhou

Australië

ao zhou

Atlantische Oceaan

da xi yang

Stille Oceaan

tai ping yang

Indische Oceaan

yin du yang

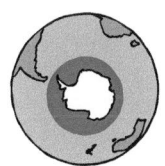

Zuidelijke Oceaan

nan bing yang

Noordelijke IJszee

bei bing yang

Noordpool

bei ji

Zuidpool

nan ji

Antarctica

nan ji zhou

aarde

di qiu

land

lu di

zee

hai

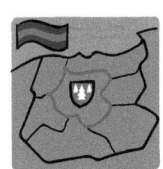

eiland

dao

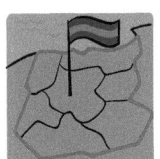

natie

guo jia

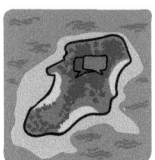

staat

guo jia

wijzerplaat

zhong mian

uurwijzer

shi zhen

minutenwijzer

fen zhen

secondewijzer

miao zhen

Hoe laat is het?

xian zai ji dian?

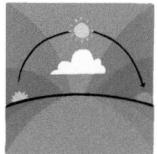

dag

tian

tijd

shi jian

nu

xian zai

digitaal horloge

dian zi biao

minuut

fen

uur

shi

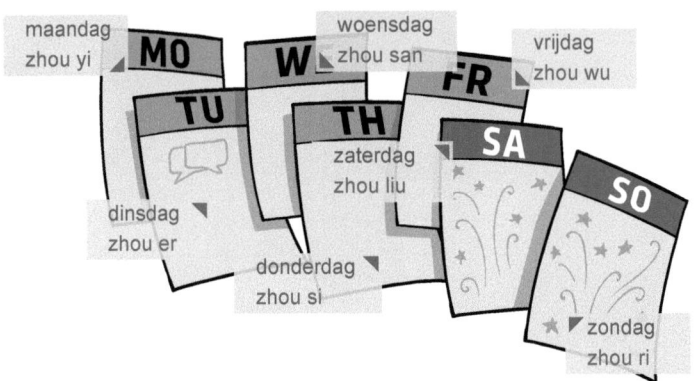

maandag
zhou yi

woensdag
zhou san

vrijdag
zhou wu

zaterdag
zhou liu

dinsdag
zhou er

donderdag
zhou si

zondag
zhou ri

gisteren

zuo tian

vandaag

jin tian

morgen

ming tian

ochtend

zao chen

middag

zhong wu

avond

wan shang

werkdagen

gong zuo ri

weekend

zhou mo

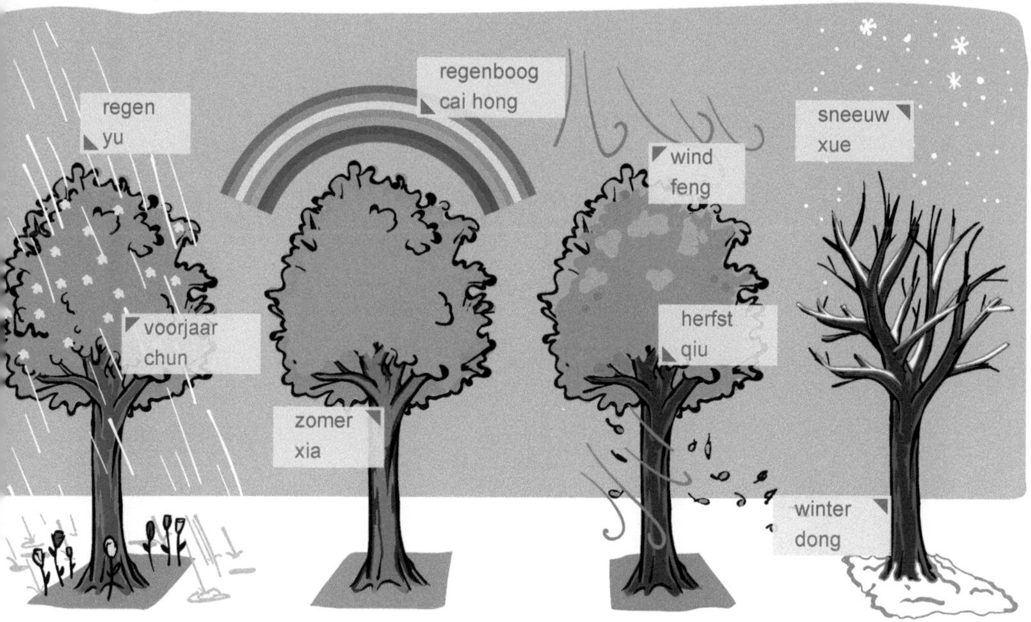

regen
yu
regenboog
cai hong
wind
feng
sneeuw
xue
voorjaar
chun
zomer
xia
herfst
qiu
winter
dong

4.APRIL 11°
5.APRIL 4°
6.APRIL 13°
7.APRIL 8°
8.APRIL 10°

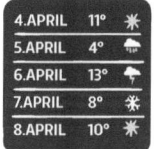

weerbericht

tian qi yu bao

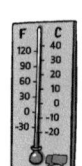

thermometer

wen du ji

zonneschijn

yang guang

wolk

yun

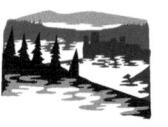

mist

wu

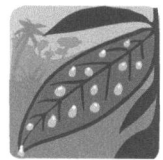

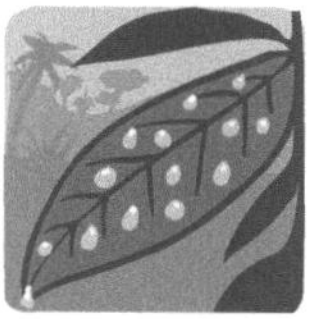

luchtvochtigheid

chao shi

bliksem

shan dian

donder

da lei

storm

feng bao

hagel

bing bao

moesson

ji feng

overstroming

hong shui

ijs

bing

januari

yi yue

februari

er yue

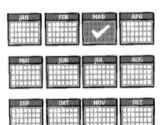

maart

san yue

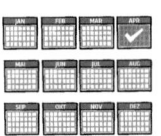

april

si yue

mei

wu yue

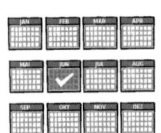

juni

liu yue

juli

qi yue

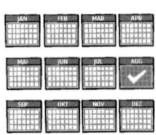

augustus

ba yue

september
....
jiu yue

oktober
....
shi yue

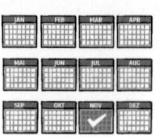

november
....
shi yi yue

december
....
shi er yue

cirkel
....
yuan xing

vierkant
....
zheng fang xing

rechthoek
....
chang fang xing

driehoek
....
san jiao xing

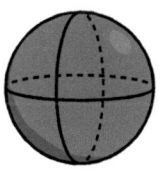

bol
....
qiu ti

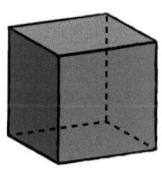

kubus
....
li fang ti

wit
....
bai

geel
....
huang

oranje
....
cheng

roze
....
fen

rood
....
hong

paars
....
zi

blauw
....
lan

groen
....
lü

bruin
....
zong

grijs
....
hui

zwart
....
hei

veel / weinig

hen duo/shao xu

boos / rustig

sheng qi/ping jing

mooi / lelijk

mei/chou

begin / einde

shou/wei

groot / klein

da/xiao

licht / donker

ming/an

broer / zus

xiong di/jie mei

schoon / vies

gan jing/ang zang

volledig / onvolledig

wan zheng/que shi

dag/ nacht

bai tian/wan shang

dood / levend

si/sheng

breed / smal

kuan/zhai

eetbaar / oneetbaar

ke shi yong/fei shi yong

gemeen / aardig

xie e/shan liang

opgewonden / verveeld

xing fen/wu liao

dik / dun

pang/shou

eerste / laatste

di yi/zui hou

vriend / vijand

peng you/di ren

vol / leeg

man/kong

hard / zacht

ying/ruan

zwaar / licht

zhong/qing

honger / dorst

e/ke

ziek / gezond

sheng bing/jian kang

illegaal / legaal

fei fa/he fa

intelligent / dom

cong ming/yu ben

links / rechts

zuo/you

dichtbij / ver

jin/yuan

nieuw / gebruikt

xin/jiu

niets / iets

mei you/you xie

oud / jong

lao/you

aan / uit

kai/guan

open / gesloten

da kai/he shang

zacht / luid

an jing/chao nao

rijk / arm

fu/qiong

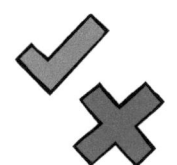

goed / fout

dui/cuo

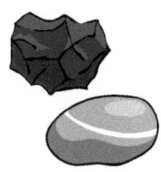

ruw / glad

cu cao/guang hua

verdrietig / gelukkig

shang xin/gao xing

kort / lang

duan/chang

langzaam / snel

man/kuai

nat / droog

shi/gan

warm / koel

wen nuan/liang shuang

oorlog / vrede

zhan zheng/he ping

0

nul

ling

1

één

yi

2

twee

er

3

drie

san

4

vier

si

5

vijf

wu

6

zes

liu

7

zeven

qi

8

acht

ba

9

negen

jiu

10

tien

shi

11

elf

shi yi

12

twaalf

shi er

13

dertien

shi san

14

veertien

shi si

15

vijftien

shi wu

16

zestien

shi liu

17

zeventien

shi qi

18

achttien

shi ba

19

negentien

shi jiu

20

twintig

er shi

100

honderd

bai

1.000

duizend

qian

1.000.000

miljoen

bai wan

Engels

ying yu

Amerikaans Engels

mei shi ying yu

Chinees Mandarijn

pu tong hua

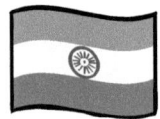

Hindi

yin di yu

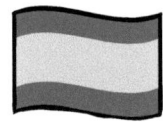

Spaans

xi ban ya yu

Frans

fa yu

Arabisch

a la bo yu

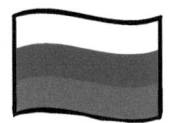

Russisch

e yu

Portugees

pu tao ya yu

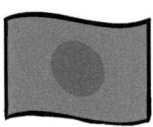

Bengalees

feng jia la yu

Duits

de yu

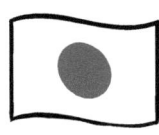

Japans

ri yu

ik
....
wo

jij
....
ni

hij / zij / het
....
ta/ta/ta

wij
....
wo men

jullie
....
ni men

zij
....
ta men

wie?
....
shei?

wat?
....
shen me?

hoe?
....
zen yang?

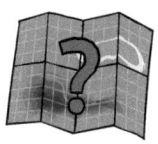

waar?
....
na li?

wanneer?
....
shen me shi hou?

naam
....
ming zi

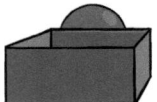

achter

hou mian

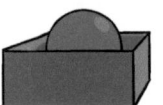

in

li mian

voor

qian mian

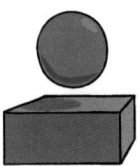

boven

shang fang

op

shang mian

onder

xia mian

naast

pang bian

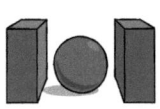

tussen

zhong jian

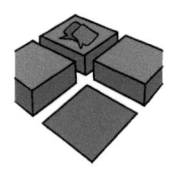

plaats

di dian